Comment les Hackers Fonctionnent (et Comment les Arrêter)

Arnaques Courantes, Hameçonnage, Logiciels Malveillants et Tactiques Réelles Utilisées par les Cybercriminels

Par Joe Correa

Publié par Live Stronger Faster

Ce livre est destiné uniquement à des fins éducatives et informatives. L'auteur et l'éditeur ne fournissent pas de conseils juridiques, financiers ou autres conseils professionnels. Les lecteurs doivent consulter un professionnel qualifié avant de prendre toute décision financière.

Première édition

Table des matières

Introduction

Dans le monde numérique d'aujourd'hui, la cybercriminalité est devenue l'une des industries les plus rentables et dangereuses de la planète. Chaque année, des particuliers et des entreprises perdent des milliards de dollars à cause des hackers — dont beaucoup utilisent des tactiques simples mais efficaces que la plupart des gens ne voient jamais venir. Qu'il s'agisse d'un e-mail de phishing ressemblant à un message de votre banque ou d'une fausse fenêtre contextuelle vous demandant de « mettre à jour » votre logiciel, les cybercriminels s'adaptent constamment — et deviennent chaque jour plus convaincants.

Ce livre a été créé pour vous aider à riposter. Vous n'avez pas besoin d'être un expert en technologie pour vous défendre. Vous devez simplement comprendre comment pensent les hackers, quelles tactiques ils utilisent et comment adopter des habitudes simples qui feront de vous une cible difficile à atteindre.

Dans ce Livre 3, nous dévoilerons les secrets du fonctionnement des hackers, des arnaques traditionnelles aux attaques modernes par rançongiciel. Vous apprendrez la différence entre le phishing et le spear phishing, ce que font réellement les logiciels malveillants, comment l'ingénierie sociale vous pousse à divulguer des données sensibles, et comment les hackers ciblent aussi bien les particuliers que les entreprises grâce à des attaques personnalisées.

Ce livre regorge d'exemples concrets d'attaques — certaines ingénieuses, d'autres terrifiantes — ainsi que de mesures pratiques que vous pouvez prendre dès maintenant pour protéger votre famille et vous-même. Vous apprendrez également à repérer les signaux d'alerte, reconnaître les tentatives d'escroquerie et réagir rapidement si votre système est compromis.

Nous expliquerons tout dans un langage simple et clair afin que même les débutants complets puissent comprendre comment identifier les menaces et arrêter les hackers avant qu'ils ne causent des dommages.

Levons le voile sur ce qui se passe réellement dans les coulisses de la cybercriminalité — afin que vous puissiez rester en sécurité, vigilant et maître de la situation.

Chapitre 1 : Dans l'Esprit d'un Hacker

Pour vous défendre contre la cybercriminalité, vous devez d'abord comprendre votre adversaire. Les hackers ne sont pas simplement des silhouettes mystérieuses en sweat à capuche tapant rapidement dans une pièce sombre. Ce sont de vraies personnes avec des objectifs, des parcours et des outils variés. Certains travaillent pour des gouvernements, d'autres font partie de réseaux criminels internationaux, tandis que d'autres encore agissent par curiosité ou par ego. Mais ce qui les unit tous, c'est une compréhension profonde de la manière dont les systèmes numériques — et le comportement humain — peuvent être exploités.

Commençons par classer les hackers. Il existe trois catégories principales : les black hats, les white hats et les gray hats. Les hackers black hat sont les acteurs malveillants — des criminels qui s'introduisent dans des systèmes pour voler, endommager ou rançonner des informations à des fins personnelles. Ils agissent en dehors de la loi et sont responsables de la majorité des cyberattaques relayées dans les médias. Les hackers white hat, quant à eux, sont des pirates éthiques qui utilisent leurs compétences pour aider les organisations à renforcer leur cybersécurité. Ils travaillent souvent comme testeurs d'intrusion ou consultants en sécurité. Les hackers gray hat se situent dans une zone grise. Ils peuvent pénétrer des systèmes sans autorisation, mais sans toujours avoir d'intentions malveillantes. Parfois, ils révèlent publiquement des vulnérabilités dans l'espoir de pousser les entreprises à améliorer leur sécurité.

Comprendre la motivation est une autre étape essentielle. Tous les hackers ne sont pas motivés par l'argent. Certains agissent pour des raisons politiques — on les appelle des hacktivistes. D'autres veulent prouver leurs compétences pour gagner du respect dans la communauté hacker ou se venger personnellement. Certains encore sont soute

Chapitre 2 : L'Anatomie d'une Attaque de Phishing

Le phishing est l'une des techniques de piratage les plus courantes et les plus efficaces utilisées aujourd'hui — non pas parce qu'elle est hautement technique, mais parce qu'elle exploite le comportement humain. Une attaque de phishing pousse les gens à divulguer des informations confidentielles en se faisant passer pour une source de confiance. C'est la version numérique d'un escroc qui se présente à votre porte en prétendant être le technicien du câble, puis repart avec votre portefeuille.

L'anatomie d'une attaque de phishing commence par la tromperie. L'attaquant crée un message, généralement un e-mail ou un SMS, qui semble provenir d'une source crédible — votre banque, votre employeur, une agence gouvernementale ou même un ami. Ces messages sont conçus pour créer un sentiment d'urgence, de peur ou de curiosité afin de pousser le destinataire à agir rapidement sans réfléchir de manière critique.

Un e-mail de phishing basique peut dire quelque chose comme : « Votre compte a été compromis. Cliquez ici pour réinitialiser votre mot de passe. » Mais les versions plus avancées, appelées spear phishing, sont spécialement adaptées à la cible. Elles peuvent inclure le nom du destinataire, son poste ou des références à des activités récentes — souvent collectées sur les réseaux sociaux ou dans des bases de données publiques. Plus l'e-mail est personnalisé, plus il devient convaincant.

Décomposons les composants typiques d'un e-mail de phishing :

L'adresse de l'expéditeur : elle imite souvent un véritable domaine mais comporte de légères fautes, comme « apple-support.com » au lieu de « apple.com ». Certains attaquants falsifient même l'en-tête de l'e-mail pour qu'il paraisse identique à un expéditeur légitime.

L'objet du message : conçu pour attirer immédiatement l'attention. Exemples :

« Urgent : Avis de suspension de compte »

« Facture impayée – Action requise »

« Vous avez été sélectionné pour un remboursement fiscal »

Le corps de l'e-mail : utilise la peur ou une opportunité pour pousser le destinataire à agir. Il peut demander à l'utilisateur de vérifier un compte, de réclamer un prix ou de consulter un document. Le ton imite souvent un langage professionnel.

Le lien ou la pièce jointe : c'est la véritable charge utile. Cliquer sur le lien peut conduire à un faux site web conçu pour voler des identifiants. Ouvrir une pièce jointe peut installer un malware ou un rançongiciel.

Le faux site web : ces sites ressemblent exactement aux vrais, mais sont hébergés sur des domaines frauduleux. Les utilisateurs inattentifs peuvent y saisir leurs identifiants, mots de passe ou numéros de carte bancaire, qui sont alors envoyés directement à l'attaquant.

Une fois qu'une victime clique sur le lien et soumet ses informations, le hacker les utilise généralement en temps réel. Si des identifiants de connexion sont volés, ils peuvent être testés immédiatement sur plusieurs services. Si des informations bancaires sont récupérées, de l'argent peut être transféré en quelques minutes.

Il existe également différentes variantes du phishing au-delà de l'e-mail.

Le smishing est du phishing par SMS ou via des applications de messagerie.

Le vishing est du phishing vocal — des appels frauduleux prétendant provenir du support technique ou du service client.

Le clone phishing reproduit d'anciens e-mails légitimes et y ajoute une pièce jointe malveillante.

Les attaques BEC (Business Email Compromise) trompent les employés pour qu'ils transfèrent de l'argent ou partagent des informations sensibles en se faisant passer pour un PDG ou un dirigeant.

Alors pourquoi les gens tombent-ils encore dans le piège du phishing ? La réponse est simple : ces attaques ciblent les émotions, pas la logique. Les meilleurs e-mails de phishing sont conçus pour contourner votre raisonnement en provoquant panique, cupidité ou confiance.

L'une des plus grandes vulnérabilités est l'absence d'habitudes de vérification. La plupart des utilisateurs ne vérifient pas les URL, les adresses e-mail des expéditeurs ou la mise en forme des messages. Ils supposent qu'un message est légitime en raison du logo, du langage professionnel ou de l'urgence de la demande.

Même des professionnels hautement qualifiés tombent dans le piège du phishing — surtout pendant des périodes stressantes comme la saison des impôts, les élections ou lorsque de grands événements dominent l'actualité. Les hackers synchronisent souvent leurs attaques avec des crises publiques, lorsque les gens sont distraits ou dépassés.

Pour vous défendre, voici quelques stratégies essentielles contre le phishing :

Passez la souris avant de cliquer : sur ordinateur, survolez toujours un lien afin de voir l'URL réelle avant de cliquer.

Vérifiez l'expéditeur : recherchez de petites différences dans l'adresse e-mail. Méfiez-vous des adresses Gmail ou Yahoo utilisées par des institutions supposées officielles.

Examinez la grammaire et la mise en page : de nombreux messages de phishing contiennent une grammaire étrange, des formulations maladroites ou une image de marque incohérente.

Ne cliquez pas sur des liens inconnus et n'ouvrez pas de pièces jointes inattendues : même si le message semble provenir d'une source fiable, vérifiez via un autre canal de communication avant d'ouvrir quoi que ce soit.

Utilisez l'authentification multifacteur (MFA) : même si votre mot de passe est compromis, votre compte reste protégé grâce à une deuxième étape de vérification.

Signalez les e-mails suspects : la plupart des plateformes et entreprises permettent de signaler les tentatives de phishing.

Formez-vous et formez votre équipe : la sensibilisation au phishing — surtout dans les petites entreprises — réduit fortement les risques.

Envisagez également l'utilisation d'extensions de navigateur et de filtres e-mail capables de détecter automatiquement les tentatives de phishing. Des outils comme Google Safe Browsing, Microsoft Defender SmartScreen et PhishTank peuvent avertir les utilisateurs des sites suspects.

En fin de compte, le succès du phishing dépend d'un moment d'inattention. L'attaquant parie que vous êtes trop occupé, stressé ou fatigué pour examiner un e-mail qui semble suffisamment réel. Mais lorsque vous apprenez à faire une pause, vérifier et réfléchir de manière critique à chaque communication numérique, le phishing perd de son pouvoir.

La meilleure protection n'est pas un logiciel — c'est le scepticisme. Remettez tout en question. Faites confiance avec prudence. Et ne laissez jamais l'urgence vous pousser à commettre une erreur.

Voyons maintenant l'histoire de Derrick.

Derrick Chen venait de terminer sa deuxième tasse de café lorsqu'un e-mail arriva dans sa boîte de réception. L'objet affichait : URGENT : Accès à la paie suspendu – Veuillez mettre à jour vos identifiants.

Le message provenait de « HR@empiretechpayroll.com » et semblait légitime. Derrick travaillait comme directeur régional chez EmpireTech, une entreprise de logiciels en pleine croissance, et les notifications RH comme celle-ci n'étaient pas inhabituelles — surtout pendant les audits trimestriels.

Il regarda l'heure : 9 h 17. Sa journée était déjà chargée et il ne voulait pas risquer de problèmes de paie pour son équipe.

Il cliqua sur le lien.

La page qui s'ouvrit ressemblait exactement au portail de paie d'EmpireTech — même logo, mêmes couleurs, même formulaire de connexion. Sans réfléchir, Derrick saisit son nom d'utilisateur et son mot de passe, puis cliqua sur « Connexion ».

La page clignota, puis le redirigea vers une page d'erreur générique. Il soupira, supposa qu'il s'agissait d'un bug, puis poursuivit sa journée.

Deux heures plus tard, les vrais dégâts commencèrent.

À l'autre bout du monde, dans un appartement exigu à Manille, un cybercriminel nommé Rico se renversa sur sa chaise avec un sourire. Les identifiants avaient fonctionné.

L'accès de Derrick lui donnait non seulement accès aux dossiers de paie, mais aussi aux formulaires fiscaux, coordonnées bancaires et numéros de sécurité sociale des employés.

Rico n'eut presque aucun effort à fournir. Le portail était parfaitement organisé. Il empaqueta les données, les chiffra et les téléversa sur une place de marché du darknet, où les identifiants volés et données personnelles se vendaient comme de l'or.

À midi, Rico avait gagné 1 200 dollars grâce à cette faille.

Pendant ce temps, Derrick, toujours inconscient de ce qui se passait, participait à un appel client lorsque l'équipe de sécurité détecta une connexion non autorisée depuis les Philippines.

En quelques minutes, le compte fut verrouillé — mais les dégâts étaient déjà faits.

Lorsque le service informatique contacta Derrick, il fut abasourdi.

« Je pensais que cela venait des RH », balbutia-t-il. « Le logo était identique. Le texte semblait correct. »

Mais ce n'était pas le cas.

Un examen plus attentif révéla des indices subtils – comme le domaine « empiretechpayroll.com » au lieu du véritable « empiretech.com ». L'e-mail contenait aussi quelques erreurs grammaticales et un ton anormalement urgent.

Derrick n'était pas stupide.

Il était simplement occupé. Distrait. Pressé.

Et c'est exactement ce sur quoi Rico comptait.

Le phishing ne reposait pas sur un génie informatique.

Il reposait sur la psychologie.

Chapitre 3 : L'Ingénierie Sociale – Comment les Hackers Vous Manipulent

L'ingénierie sociale est l'art de manipuler les gens afin qu'ils révèlent des informations confidentielles ou accomplissent des actions qui compromettent la sécurité. Il ne s'agit pas de pirater des systèmes — il s'agit de pirater des êtres humains. Alors que les vulnérabilités techniques peuvent être corrigées par des mises à jour logicielles, les vulnérabilités humaines sont beaucoup plus difficiles à réparer. C'est pourquoi l'ingénierie sociale est l'un des outils les plus dangereux et les plus efficaces dans l'arsenal d'un hacker.

À la base, l'ingénierie sociale repose sur l'exploitation de déclencheurs psychologiques tels que la confiance, la peur, l'urgence, l'autorité, la curiosité et le désir d'aider. Au lieu de forcer des mots de passe ou de casser des systèmes de chiffrement, les ingénieurs sociaux étudient les comportements, les émotions et les dynamiques sociales. Ils imitent, manipulent et trompent pour contourner les défenses numériques — souvent sans écrire une seule ligne de code malveillant.

Il existe plusieurs types courants d'attaques d'ingénierie sociale, chacun conçu pour cibler des faiblesses émotionnelles ou psychologiques spécifiques. Le prétexte (Pretexting) consiste à créer un scénario fictif afin de convaincre une victime de partager des informations ou d'accorder un accès. Par exemple, un hacker peut se faire passer pour un technicien informatique affirmant avoir besoin d'un accès à distance pour résoudre un problème technique. L'appâtage (Baiting) fonctionne de manière similaire au phishing et propose quelque chose d'attrayant — comme un téléchargement gratuit, une carte-cadeau ou une clé USB — en échange d'un accès. Brancher une clé USB infectée étiquetée « Liste des bonus employés » est une tactique classique. Le tailgating (ou piggybacking) est une forme physique d'ingénierie sociale dans laquelle un attaquant suit un employé autorisé dans une zone sécurisée en prétendant avoir oublié son badge. Le quid pro quo repose sur un échange : l'attaquant offre quelque chose en retour d'informations ou d'accès. L'usurpation d'identité et l'autorité consistent à se faire passer pour une personne de pouvoir — comme un PDG, un directeur bancaire ou un représentant gouvernemental. Enfin, l'ingénierie sociale inversée pousse la victime à initier elle-même le contact, en créant un faux problème puis en se présentant comme la solution.

Les attaques d'ingénierie sociale peuvent se produire en ligne, par téléphone ou en personne. Ce qui les rend particulièrement dangereuses, c'est qu'elles ne nécessitent aucune faille technique — seulement la confiance humaine et une histoire convaincante.

Une attaque d'ingénierie sociale suit généralement plusieurs étapes. Tout commence par la reconnaissance, où l'attaquant collecte des informations sur sa cible à partir des réseaux sociaux, des profils LinkedIn ou des sites web d'entreprise. Ensuite vient la planification : le hacker choisit le personnage, le ton et le scénario les plus adaptés. Puis il établit le contact, souvent en utilisant la familiarité, la flatterie ou la confiance pour désarmer la victime. Une fois la relation installée, il demande une action précise : cliquer sur un lien, fournir des identifiants, autoriser un accès à distance ou transmettre des informations sensibles. Enfin, un bon ingénieur social quitte la scène discrètement, souvent sans laisser de trace.

L'une des raisons pour lesquelles l'ingénierie sociale est si efficace est le biais cognitif. Nous avons naturellement tendance à faire confiance aux personnes confiantes, serviables ou similaires à nous. Dans le monde numérique, ce biais est amplifié par l'absence de signaux physiques et par notre habitude de répondre rapidement aux messages.

Les ingénieurs sociaux exploitent également la pression émotionnelle. Une tactique classique consiste à combiner autorité et urgence – comme un faux patron exigeant une action immédiate. Beaucoup d'employés n'osent pas remettre en question ce type de demande, surtout lorsqu'ils craignent des conséquences négatives.

Même les meilleurs systèmes de sécurité peuvent devenir inutiles à cause d'une seule erreur humaine – comme partager un mot de passe par téléphone ou cliquer sur un lien malveillant. C'est pourquoi l'ingénierie sociale représente souvent la première étape d'une attaque plus importante. Une fois à l'intérieur, l'attaquant peut augmenter ses privilèges, installer un malware ou voler des données.

Pour se défendre contre l'ingénierie sociale, la sensibilisation et le scepticisme sont essentiels. Vérifiez toujours l'identité des personnes via un second moyen de communication. Prenez le temps d'évaluer une situation au lieu d'agir dans la précipitation. Soyez prudent quant aux informations que vous partagez sur les réseaux sociaux ou par téléphone. Utilisez des protocoles de sécurité exigeant plusieurs étapes de vérification avant toute action sensible. Mettez en place des formations régulières pour renforcer la vigilance et encouragez les employés à signaler tout comportement suspect.

En fin de compte, la meilleure défense contre l'ingénierie sociale est un doute sain. Dans un monde où les attaquants se font passer pour des personnes de confiance, il vaut mieux vérifier deux fois que croire aveuglément une seule fois.

Le cerveau humain est l'ordinateur le plus puissant au monde — mais aussi l'un des plus faciles à exploiter. Les hackers le savent. Et tant que nous n'apprendrons pas à penser comme des défenseurs, nous continuerons à tomber dans leurs pièges.

Dans le prochain chapitre, nous explorerons la dimension technique de la cybercriminalité : les malwares, ransomwares et spywares — ce qu'ils sont, comment ils fonctionnent et comment les arrêter avant qu'ils ne prennent le contrôle de votre système.

L'histoire du virement bancaire de Jessica

Jessica Alvarez était fière de son travail. En tant qu'assistante de direction dans une startup médicale en pleine croissance à Miami, elle coordonnait les réunions, gérait les e-mails et organisait les agendas. Elle se considérait comme rapide, fiable et efficace. Mais un vendredi matin, elle devint le centre d'une enquête sur une cyberattaque qu'elle n'avait jamais vue venir.

À 10 h 06, un e-mail arriva dans sa boîte de réception.

De : ceooffice@medicorptx.com
Objet : Confidentiel – Virement bancaire immédiat requis

Le message était direct et urgent :

« Jessica, j'ai besoin que vous effectuiez un virement pour un fournisseur que nous avons déjà utilisé. C'est urgent. Je suis en appel — merci de ne pas tarder. Les informations bancaires sont ci-dessous. Confirmez une fois terminé. — Derek »

Derek était le PDG. Il voyageait cette semaine-là. Le ton semblait familier. Jessica n'hésita pas. Elle ouvrit le portail bancaire de l'entreprise et saisit les informations nécessaires pour transférer 38 000 dollars.

Elle hésita une seule fois — se demandant si elle se souvenait réellement de ce fournisseur. Mais l'e-mail comportait également une copie à ce qui semblait être l'assistante exécutive de Derek. Elle supposa donc que tout était légitime.

Elle effectua le virement.

Cela prit moins de dix minutes.

Une heure plus tard, le vrai Derek appela depuis son hôtel.

« Quel virement ? De quoi parlez-vous ? »

Le visage de Jessica pâlit.

Ce n'était pas lui.

Cela ne l'avait jamais été.

Un hacker avait utilisé l'ingénierie sociale pour imiter le style de Derek, falsifier son adresse e-mail et créer juste assez d'urgence pour contourner les instincts pourtant aiguisés de Jessica. Il savait qu'elle était assistante. Il savait que Derek était en déplacement. Il savait que l'entreprise utilisait régulièrement des virements.

Comment ? Grâce aux réseaux sociaux. À LinkedIn. Aux communiqués de presse. Et peut-être à une ancienne fuite de données.

L'entreprise déposa une plainte auprès du FBI.

L'argent était perdu.

À l'autre bout du pays, une autre forme d'ingénierie sociale se produisait dans la salle d'attente d'un hôpital à Phoenix. Un jeune homme portant un badge de sécurité entra dans une zone réservée au personnel sans utiliser de carte d'accès. Il suivit simplement une infirmière après lui avoir tenu la porte. Personne ne le questionna.

Dans sa poche se trouvait une clé USB. Il trouva un poste de travail sans surveillance, brancha la clé et attendit quelques secondes. Un script s'exécuta et établit une connexion avec un serveur distant. Lorsqu'il quitta les lieux, une porte dérobée avait déjà été installée dans le réseau interne de l'hôpital.

Le tailgating.

L'une des formes les plus anciennes et les plus simples d'ingénierie sociale.

Et cela fonctionna — parce que les gens sont conditionnés à être polis.

Pendant ce temps, au Royaume-Uni, Marcus, étudiant en cybersécurité, menait une expérience d'ingénierie sociale inversée dans le cadre d'un projet universitaire. Il créa volontairement un problème sur l'ordinateur d'un camarade, puis envoya un message depuis un faux compte de support informatique.

« Nous avons détecté un problème sur votre compte étudiant. Veuillez contacter le service informatique au poste 4429 pour obtenir de l'aide. »

Comme prévu, l'étudiant appela. Marcus répondit calmement, guida la victime à travers une « solution » et lui fit télécharger un fichier test inoffensif. Plus tard, il révéla la supercherie.

Pourquoi cela avait-il fonctionné ?

Parce que la victime pensait être à l'origine du contact.

Elle se sentait en contrôle.

C'est là tout le génie de l'ingénierie sociale inversée.

Mais dans le monde réel, ces techniques ont des conséquences bien plus graves.

À Washington D.C., une employée fédérale fut trompée par un appel prétendant provenir du service informatique interne.

« Nous avons détecté une activité suspecte sur votre compte. J'ai simplement besoin de confirmer votre identifiant employé et votre phrase de sécurité pour réautoriser l'accès. »

Stressée, elle donna les informations.

Quinze minutes plus tard, ses identifiants furent utilisés pour accéder à des documents sensibles.

Elle déclara plus tard :

« Il ne ressemblait pas à un hacker. Il semblait vouloir m'aider. »

C'est ce qui rend l'ingénierie sociale si puissante.

Elle ne ressemble pas à une menace.

Elle ressemble à votre patron, votre service informatique, un inconnu serviable ou un collègue.

Elle ne casse pas les pare-feux.

Elle les contourne — en portant un masque de normalité.

Jessica repense encore à ce vendredi matin. L'e-mail. Le ton. La rapidité avec laquelle elle a agi. Son entreprise modifia ensuite ses protocoles financiers : plus aucune demande de paiement par e-mail sans confirmation verbale.

Mais l'argent était parti.

Et une partie de sa confiance aussi.

Elle n'était pas stupide.

Elle était humaine.

Et dans le monde de l'ingénierie sociale, c'est tout ce dont un attaquant a besoin.

Chapitre 4 : Comprendre les Malware, les Rançongiciels et les Logiciels Espions

Les malwares, abréviation de « logiciels malveillants », désignent tout programme ou code conçu pour infiltrer, endommager, perturber ou obtenir un accès non autorisé à un système informatique. Bien que ce terme soit souvent utilisé dans les milieux technologiques, beaucoup de personnes ne réalisent pas à quel point les malwares modernes sont devenus sophistiqués — et dangereux. Ils ne se limitent plus aux anciennes fenêtres pop-up douteuses ou aux menaces d'antivirus dépassées. Aujourd'hui, les malwares sont le moteur d'attaques allant des rançongiciels qui paralysent des hôpitaux aux logiciels espions qui surveillent silencieusement chacun de vos mouvements.

Il existe de nombreux types de malwares, chacun ayant une fonction, une méthode d'infection et un objectif distincts. Les virus représentent la forme la plus ancienne et la plus connue. Ils s'attachent à des fichiers légitimes et se répliquent lorsque ces fichiers sont partagés ou ouverts. Une fois activés, ils peuvent corrompre des données, supprimer des fichiers, ralentir les systèmes ou rendre un appareil inutilisable. Les virus nécessitent généralement une action de l'utilisateur pour se propager, comme ouvrir un document infecté.

Les vers informatiques fonctionnent différemment. Contrairement aux virus, ils n'ont pas besoin d'interaction humaine. Ils se propagent automatiquement à travers les réseaux en exploitant des vulnérabilités système. Un ver peut infecter un bureau entier — voire des réseaux mondiaux — sans qu'aucun utilisateur ne clique sur quoi que ce soit. Ils provoquent souvent des ralentissements, des congestions réseau ou des pannes système.

Les chevaux de Troie tirent leur nom du célèbre cheval de Troie de la mythologie grecque. Ils se déguisent en logiciels inoffensifs ou utiles afin d'inciter l'utilisateur à les installer. Une fois à l'intérieur du système, ils peuvent ouvrir des portes dérobées, voler des données ou installer d'autres formes de malwares.

Les rançongiciels, ou ransomware, constituent une forme particulièrement destructrice de malware. Ils chiffrent vos fichiers ou verrouillent votre système, puis exigent une rançon pour restaurer l'accès. Les victimes sont souvent invitées à payer en cryptomonnaie dans un délai limité, sous peine de perdre définitivement leurs données. Ces attaques touchent aussi bien les particuliers que les écoles, entreprises et administrations.

Les logiciels espions, ou spyware, sont conçus pour surveiller secrètement vos activités. Ils peuvent enregistrer les frappes clavier, capturer des mots de passe, surveiller les e-mails et suivre votre historique de navigation. Certains spywares avancés peuvent même activer votre webcam ou votre microphone à votre insu. Ils sont fréquemment utilisés dans l'espionnage industriel ou le vol d'identité.

L'adware, quant à lui, affiche continuellement des publicités non désirées. Bien qu'il ne soit pas toujours destructeur, il peut ralentir votre appareil et rediriger votre navigation vers des sites malveillants. Les rootkits permettent aux hackers d'obtenir un accès administrateur à un système sans être détectés, tandis que les keyloggers enregistrent discrètement toutes les frappes clavier afin de voler des informations sensibles comme des mots de passe ou des numéros de carte bancaire.

Les malwares n'apparaissent pas spontanément. Ils ont besoin d'un point d'entrée. Les méthodes d'infection les plus courantes incluent les pièces jointes et liens contenus dans des e-mails de phishing, les téléchargements provenant de sites peu fiables, les logiciels piratés, les sites compromis qui installent des fichiers malveillants automatiquement, les clés USB infectées, les fausses mises à jour logicielles et les publicités malveillantes.

Une fois installés, les malwares peuvent accomplir une grande variété d'actions nuisibles : voler des identifiants, supprimer des fichiers, détourner votre ordinateur pour miner des cryptomonnaies, enregistrer vos conversations privées ou chiffrer entièrement votre disque dur.

Un ransomware agit généralement de manière très rapide. Une attaque typique commence souvent par un e-mail frauduleux incitant l'utilisateur à cliquer sur un lien ou à télécharger un fichier infecté. Une fois installé, le logiciel chiffre les documents, photos, bases de données et fichiers importants, puis affiche une demande de rançon :

« Vos fichiers ont été chiffrés. Pour restaurer l'accès, envoyez 0,5 Bitcoin à cette adresse dans les 72 heures. Sans paiement, vos données seront supprimées définitivement. »

La pression est psychologique. Les victimes se sentent piégées, surtout lorsqu'elles ne disposent d'aucune sauvegarde. Pourtant, payer ne garantit pas toujours la récupération des fichiers. Dans certains cas, les données ne sont jamais restituées.

Le spyware est particulièrement dangereux parce qu'il agit dans le silence. Vous pouvez ne jamais savoir qu'il est présent — jusqu'à ce que vos comptes soient vidés ou votre identité volée. Il est souvent dissimulé dans des applications gratuites, extensions de navigateur ou téléchargements mobiles.

Les signes révélateurs d'une infection incluent un ralentissement inhabituel du système, des fenêtres publicitaires intempestives, l'apparition de nouveaux programmes inconnus, des redirections de recherche, une activité réseau inhabituelle ou encore l'activation inexpliquée de la webcam.

Si vous soupçonnez une infection, il est important de déconnecter immédiatement l'appareil d'Internet, d'exécuter une analyse complète avec un logiciel antivirus fiable, de supprimer les fichiers détectés, de mettre à jour le système et de changer vos mots de passe. Dans les cas graves, une réinstallation complète du système peut être nécessaire.

La prévention reste la meilleure défense. Maintenez vos logiciels à jour, utilisez un antivirus performant, évitez les liens suspects, téléchargez uniquement depuis des sources fiables, évitez les logiciels piratés, utilisez des pare-feu et sauvegardez régulièrement vos fichiers.

Les malwares ne sont pas seulement une nuisance — ils sont devenus des outils d'extorsion, d'espionnage et de vol. Ils évoluent constamment, et la meilleure protection consiste à rester informé, prudent et discipliné dans l'utilisation quotidienne de la technologie.

L'histoire de Carla commence avec une simple feuille de calcul. Carla Jensen, propriétaire d'une petite entreprise à Minneapolis, reçut un e-mail provenant apparemment d'un fournisseur de longue date. L'objet indiquait : « Mise à jour urgente des tarifs ». Le timing semblait logique, puisqu'elle venait justement de demander des informations sur les coûts d'inventaire. Elle ouvrit donc le fichier Excel joint.

Rien ne se produisit.

Le document semblait vide.

Elle le ferma sans y penser davantage.

Mais en arrière-plan, quelque chose venait de s'installer.

Son ordinateur avait été infecté par un ransomware qui se propagea silencieusement à travers son réseau, chiffrant documents, factures, dossiers clients et logiciels comptables.

Le lendemain matin, tous ses fichiers étaient remplacés par des caractères incompréhensibles, accompagnés d'un message :

« Vos fichiers ont été chiffrés. Payez 0,4 Bitcoin dans les 72 heures ou vos données seront perdues définitivement. »

Carla paniqua.

Des années de données avaient disparu.

Aucune sauvegarde.

Aucun cloud.

Son entreprise entière dépendait désormais d'un verrou numérique.

Elle finit par payer.

Certaines données furent récupérées.

D'autres restèrent perdues.

À San Diego, Devonte Ramirez, âgé de 17 ans, téléchargea une application gratuite pour enregistrer ses parties de jeux vidéo. Caché dans le programme se trouvait un spyware qui enregistrait silencieusement ses frappes clavier et ses identifiants.

Une semaine plus tard, ses comptes Gmail et Instagram furent piratés.

Il se sentit violé.

Quelqu'un observait tout.

Dans un cabinet juridique de Boston, Lisa Mendelson souffrait d'un autre type de malware : l'adware. Son ordinateur était rempli de publicités, son navigateur redirigeait vers des sites inconnus et des icônes étranges apparaissaient sur son bureau.

Tout cela provenait d'un simple convertisseur PDF gratuit.

Enfin, Tom, responsable logistique à Houston, commit une erreur minime : il brancha une clé USB reçue lors d'un salon professionnel.

La clé contenait un cheval de Troie.

En silence, celui-ci ouvrit une porte dérobée dans le réseau de son entreprise.

Pendant des semaines, des hackers siphonnèrent des données sans être détectés.

Ces histoires ont toutes un point commun : les malwares n'enfoncent pas la porte — ils sont invités à entrer.

Ils se cachent derrière la confiance, la curiosité et la commodité.

Carla ne récupéra jamais toutes ses données.

Devonte dut reconstruire sa présence en ligne.

Lisa apprit à ne télécharger que depuis des sources vérifiées.

Et l'entreprise de Tom mit en place de nouvelles règles strictes.

Chaque jour, des centaines de nouveaux malwares sont créés.

Certains sont rudimentaires.

D'autres sont extrêmement avancés.

Mais une vérité demeure :

Si vous utilisez un appareil connecté à Internet, vous êtes une cible.

Pas à cause de qui vous êtes.

Mais à cause de ce que représente votre système : l'accès, les données et le pouvoir.

Être une cible ne signifie pas être une victime.

Apprenez à reconnaître les signes.

Restez vigilant.

Et ne supposez jamais que le silence signifie la sécurité — car les malwares les plus dangereux sont souvent ceux que vous ne voyez jamais venir.

Chapitre 5 : Les Arnaques du Monde Réel Qui Coûtent des Millions

La cybercriminalité n'est plus une menace théorique réservée aux hackers des films hollywoodiens. Elle constitue aujourd'hui une industrie bien réelle et en pleine expansion, coûtant chaque année des centaines de milliards de dollars à l'économie mondiale. Derrière chaque e-mail de phishing, chaque faux écran de connexion ou chaque message de rançongiciel se cache une attaque délibérée et motivée par l'argent, capable de paralyser des entreprises, de vider des comptes d'épargne ou même de perturber le fonctionnement de gouvernements entiers.

Dans ce chapitre, nous allons examiner des arnaques réelles ayant provoqué des pertes financières massives et les leçons essentielles à retenir pour éviter de subir le même sort. Chaque cas constitue un avertissement et démontre à quel point ces tactiques sont courantes — peu importe le secteur, la taille de l'entreprise ou la localisation géographique.

Entre 2013 et 2015, deux géants de la technologie, Google et Facebook, ont perdu plus de 100 millions de dollars à cause d'une simple fraude par e-mail orchestrée par un homme nommé Evaldas Rimasauskas. Se faisant passer pour un fournisseur asiatique légitime, il créa de fausses adresses e-mail, de faux contrats et de fausses factures imitant un véritable partenaire commercial des deux entreprises. Les services comptables traitèrent les paiements en pensant qu'il s'agissait de factures authentiques. L'escroquerie dura plusieurs années avant d'être découverte. La leçon est simple : même les plus grandes entreprises peuvent être trompées si les vérifications sont négligées.

En mai 2021, le réseau de pipeline pétrolier Colonial Pipeline fut victime d'une attaque par rançongiciel menée par un groupe appelé DarkSide. Les hackers exploitèrent un mot de passe compromis sur un compte VPN afin de pénétrer dans le système. L'entreprise fut contrainte d'interrompre ses opérations pendant plusieurs jours, provoquant des pénuries de carburant et une hausse des prix sur la côte Est des États-Unis. Finalement, l'entreprise paya environ 4,4 millions de dollars en Bitcoin pour récupérer l'accès à ses systèmes. Cette attaque montra que des infrastructures critiques peuvent être paralysées par une simple faiblesse d'authentification.

En 2020, la célèbre investisseuse immobilière et personnalité de l'émission Shark Tank, Barbara Corcoran, perdit près de 400 000 dollars dans une attaque de type Business Email Compromise (BEC). Les cybercriminels imitèrent l'adresse e-mail de son assistante et demandèrent un virement bancaire lié à une rénovation immobilière. Une seule lettre supplémentaire dans l'adresse e-mail fit toute la différence. Le comptable effectua le paiement, croyant répondre à une demande légitime.

En 2017, un petit hôpital dans l'Indiana fut frappé par une attaque de rançongiciel qui verrouilla l'accès aux dossiers médicaux. Sans sauvegarde et avec la vie des patients en jeu, l'établissement n'eut d'autre choix que de payer une rançon d'environ 55 000 dollars en Bitcoin pour récupérer ses données. Cette situation démontra que le manque de stratégie de sauvegarde peut transformer une attaque informatique en crise sanitaire.

Une autre escroquerie spectaculaire toucha une entreprise autrichienne qui transféra 17 millions d'euros après avoir reçu un appel téléphonique provenant prétendument de son PDG. Les fraudeurs avaient étudié les déplacements du dirigeant, reproduit sa manière de communiquer et créé une pression suffisante pour convaincre le service financier d'agir immédiatement. Lorsque le véritable PDG revint, l'argent avait déjà disparu dans des comptes offshore.

Malgré les différences de montants et de contexte, toutes ces escroqueries partagent des caractéristiques communes. Elles exploitent la confiance. Les fraudeurs savent imiter les collègues, dirigeants, fournisseurs ou membres de la famille afin d'abaisser la vigilance. Elles utilisent l'urgence pour empêcher la réflexion critique. Elles contournent les technologies de sécurité en s'attaquant aux individus plutôt qu'aux machines. Et surtout, elles auraient souvent pu être évitées grâce à une simple vérification supplémentaire.

Pour se protéger, plusieurs pratiques essentielles doivent être mises en place. L'authentification multifacteur réduit considérablement les risques liés au vol de mots de passe. Les demandes de paiement doivent toujours être vérifiées par un second canal de communication. Les formations régulières permettent aux employés de reconnaître les tentatives de fraude. Les outils de filtrage e-mail et la surveillance des domaines similaires aident à détecter les usurpations d'identité. Enfin, des sauvegardes régulières et un plan de réponse aux incidents permettent de limiter les dégâts en cas d'attaque.

Les cyberattaques les plus dangereuses ne sont pas toujours les plus complexes — elles sont souvent les plus crédibles. Les fraudeurs savent reproduire la réalité, exploiter l'autorité et manipuler les émotions. La meilleure défense reste la vigilance, la vérification systématique et une culture de prudence.

L'histoire suivante commence par un e-mail qui semblait parfaitement normal. Lisa Cheng, employée du service comptable, reçut une demande de virement de 247 000 dollars provenant apparemment de l'assistante du PDG. L'e-mail comportait le logo officiel, les bonnes références de projet et même une signature numérique authentique. Elle suivit la procédure habituelle et fit approuver le paiement.

Trois jours plus tard, elle apprit que le PDG n'avait jamais envoyé cette demande.

L'argent avait disparu.

Les hackers avaient utilisé une technique appelée spoofing pour imiter l'adresse e-mail de l'assistante. Ils avaient étudié les communications internes, les projets en cours et les calendriers publics afin de créer une demande crédible. L'entreprise ne récupéra jamais les fonds.

À plus de 900 kilomètres de là, un district scolaire dans l'Ohio fut victime d'un rançongiciel. Les enseignants ne pouvaient plus accéder aux dossiers, aux notes ni aux salaires. Un message s'affichait :

« Votre réseau a été saisi. Payez 3,2 Bitcoin dans les 72 heures ou vos fichiers seront détruits. »

L'infection provenait d'un simple e-mail invitant un enseignant à s'inscrire à un webinaire professionnel. Une pièce jointe infectée avait compromis l'ensemble du réseau.

Dans une entreprise biotechnologique à Los Angeles, une assistante exécutive reçut un appel prétendant provenir d'un cabinet juridique. Une acquisition confidentielle nécessitait un transfert bancaire immédiat. Les e-mails de suivi semblaient légitimes, avec des contrats, des clauses de confidentialité et des liens sécurisés. En moins d'une heure, 1,4 million de dollars furent transférés vers un compte frauduleux.

En Floride, un retraité nommé James Monroe perdit plus de 150 000 dollars dans une arnaque liée aux cryptomonnaies. Tout avait commencé sur les réseaux sociaux avec un faux conseiller financier lui montrant des tableaux de gains fictifs et des témoignages de réussite. Peu à peu, James investit davantage jusqu'à perdre l'intégralité de son épargne-retraite.

Ces histoires ont toutes un point commun : les escrocs n'exploitent pas seulement les systèmes — ils exploitent la croyance.

Ils profitent de la confiance, du manque de temps, de la peur et de l'espoir.

Les victimes ne sont pas naïves.

Elles sont humaines.

Lisa, Daniel, James et d'autres ont appris une leçon coûteuse : vérifiez toujours indépendamment, remettez en question l'urgence et ne vous fiez jamais uniquement à l'apparence numérique.

Dans le monde de la cybercriminalité, un seul instant d'inattention suffit pour devenir la prochaine victime.

Chapitre 6 : Les Outils Utilisés par les Hackers

Comprendre les outils utilisés par les hackers est une étape essentielle pour développer une véritable conscience en cybersécurité. Beaucoup de personnes imaginent que le piratage consiste à écrire des lignes de code complexes ou à posséder des compétences techniques exceptionnelles. Pourtant, la réalité est bien différente. Une grande partie des cyberattaques modernes est menée à l'aide d'outils facilement accessibles, parfois gratuits, disponibles sur Internet.

Ces outils circulent sur des forums, des places de marché clandestines et des groupes de discussion chiffrés. Beaucoup sont présentés sous des interfaces simples à utiliser, ce qui permet même à des hackers débutants — souvent appelés « script kiddies » — de lancer des attaques sophistiquées sans expertise avancée.

Les keyloggers figurent parmi les outils les plus utilisés. Ils enregistrent chaque frappe clavier effectuée sur un appareil. Cela inclut les mots de passe, les numéros de carte bancaire, les messages et toutes les informations saisies. Certains keyloggers enregistrent également les captures d'écran et le contenu du presse-papiers. Ils existent sous forme logicielle, cachés dans des malwares, ou sous forme matérielle, comme de petits dispositifs USB branchés discrètement à un ordinateur.

Les chevaux de Troie d'accès à distance, appelés RAT (Remote Access Trojans), permettent à un hacker de contrôler entièrement un appareil infecté. Une fois installés, ils offrent un accès aux fichiers, activent la webcam ou le microphone, enregistrent les frappes clavier, prennent des captures d'écran et permettent même d'installer ou supprimer des programmes. Les RAT sont souvent déguisés en fichiers légitimes comme des jeux, applications ou documents PDF.

Les analyseurs de paquets réseau, appelés packet sniffers, capturent le trafic Internet en temps réel. Les hackers les utilisent pour intercepter des identifiants, mots de passe et e-mails non chiffrés circulant sur un réseau. Sur un Wi-Fi public non sécurisé, ces outils peuvent récolter les données de tous les utilisateurs connectés. Le logiciel Wireshark est un exemple célèbre, utilisé à la fois par les experts en sécurité et les attaquants.

Les outils de spoofing permettent d'imiter des sources fiables. Ils servent à falsifier des adresses IP, des e-mails ou même des sites web. Un hacker peut ainsi créer une fausse page de connexion ressemblant parfaitement à un site bancaire ou à un portail d'entreprise afin de voler des identifiants.

Les outils de cassage de mots de passe utilisent différentes techniques pour accéder illégalement à des comptes. Les attaques par force brute testent toutes les combinaisons possibles, tandis que les attaques par dictionnaire exploitent des listes de mots de passe connus. Des logiciels comme John the Ripper, Hashcat et Hydra sont largement utilisés.

Les kits de phishing simplifient la création de faux sites web. Ils incluent des copies de pages de connexion, des scripts pour récupérer les identifiants et des techniques pour masquer les URL réelles. Ces kits sont souvent vendus sur le dark web ou partagés dans des groupes privés.

Les faux réseaux Wi-Fi, aussi appelés attaques Evil Twin, consistent à créer un réseau sans fil imitant un réseau légitime. Les hackers reproduisent le nom d'un Wi-Fi d'hôtel, d'aéroport ou de café afin que les victimes s'y connectent sans méfiance. Une fois connectées, toutes leurs données transitent par l'appareil de l'attaquant.

Les kits d'exploitation, ou exploit kits, analysent automatiquement un système à la recherche de vulnérabilités. Lorsqu'un utilisateur visite un site compromis, ces outils vérifient les failles de sécurité du navigateur ou des plugins installés, puis installent un malware sans interaction visible.

Les botnets représentent un autre outil puissant. Il s'agit de réseaux d'appareils infectés — ordinateurs, caméras, objets connectés — contrôlés à distance par un hacker. Ces réseaux servent à lancer des attaques massives, envoyer du spam, diffuser des rançongiciels ou voler des données.

Enfin, les places de marché du dark web permettent aux cybercriminels d'acheter et vendre tous ces outils. Elles fonctionnent comme de véritables plateformes commerciales, avec évaluations, support client et paiements en cryptomonnaie.

Pour se protéger contre ces outils, il est indispensable de maintenir les systèmes à jour, d'utiliser des solutions de sécurité avancées, d'éviter les réseaux Wi-Fi publics sans VPN, d'adopter des mots de passe robustes et d'activer l'authentification multifacteur.

L'histoire de Megan illustre parfaitement la puissance de ces outils. Megan travaillait dans une agence marketing à Chicago lorsqu'elle reçut un e-mail d'un client potentiel contenant un fichier intitulé « ClientProposal2024.pdf.exe ». Le message semblait professionnel et faisait référence à une campagne récente de l'entreprise.

Elle ouvrit la pièce jointe.

Rien ne sembla se produire.

Mais le fichier avait installé un RAT.

À des milliers de kilomètres de là, en Roumanie, un hacker nommé Ludo avait désormais un accès complet à son ordinateur. Il pouvait voir son écran, explorer ses fichiers, activer la webcam et récupérer les identifiants enregistrés.

Ludo n'était pas intéressé par les créations graphiques de Megan. Il voulait les accès de l'entreprise. En quelques heures, il récupéra les identifiants de messagerie, de stockage cloud et de gestion de projets.

Le lendemain, il contrôlait déjà plusieurs postes du réseau interne.

Il installa également un keylogger afin de capturer les mots de passe administrateurs.

Puis il envoya un faux e-mail interne imitant le PDG et demandant un paiement urgent.

Le contrôleur financier cliqua sur le lien.

Ses identifiants furent capturés instantanément.

Ludo avait désormais accès au système financier de l'entreprise.

Pendant ce temps, lors d'une conférence à San Francisco, un étudiant en cybersécurité démontrait une attaque Evil Twin en créant un faux réseau Wi-Fi nommé « Conf2024-FreeWiFi ». Des dizaines de participants s'y connectèrent sans hésiter.

À l'aide de Wireshark, il montra comment les identifiants pouvaient être interceptés sur des connexions non chiffrées.

De retour à Chicago, l'équipe informatique détecta une activité suspecte provenant d'une adresse IP européenne.

L'attaque avait duré quatre jours.

Le coût total de récupération dépassa 380 000 dollars.

Megan était bouleversée.

Elle croyait avoir simplement ouvert un fichier.

Elle ignorait qu'un simple clic pouvait ouvrir la porte à une prise de contrôle complète.

Après cet incident, l'entreprise renforça ses règles : filtres e-mail plus stricts, interdiction de certains téléchargements, VPN obligatoires et authentification multifacteur sur tous les comptes.

Les outils utilisés par les hackers sont puissants.

Mais ils dépendent souvent d'une chose essentielle :

Votre clic.

Votre confiance.

Votre hypothèse que tout est sûr.

Une fois que vous comprenez comment ces outils fonctionnent, vous commencez à voir les menaces différemment.

Vous ralentissez.

Vous vérifiez.

Vous remettez en question.

Et vous devenez votre propre pare-feu.

Chapitre 7 : Comment Vous Protéger Contre les Attaques Courantes

Maintenant que vous comprenez comment pensent les hackers, quels outils ils utilisent et les dégâts qu'ils peuvent causer, il est temps de se concentrer sur la défense. La vérité est que la plupart des cyberattaques peuvent être évitées — non pas grâce à des logiciels complexes ou du matériel coûteux, mais grâce à des habitudes cohérentes et à plusieurs couches simples de protection qui réduisent considérablement votre vulnérabilité.

La cybersécurité n'est pas réservée aux professionnels de l'informatique. Si vous possédez un smartphone, utilisez un ordinateur portable, avez une adresse e-mail ou gérez des réseaux sociaux, vous êtes une cible potentielle. Mais avec les bonnes connaissances et les bons comportements, vous pouvez devenir une cible difficile à atteindre.

La première ligne de défense repose sur l'utilisation de mots de passe solides et uniques. Une grande partie des piratages réussis commence par des mots de passe compromis ou réutilisés. Beaucoup de personnes utilisent les mêmes identifiants sur plusieurs plateformes. Si l'une d'elles est piratée, les hackers testent automatiquement cette combinaison sur d'autres sites.

Utilisez des phrases longues d'au moins douze caractères, faciles à retenir mais difficiles à deviner. Évitez les mots simples, les dates de naissance ou les substitutions prévisibles. N'utilisez jamais le même mot de passe sur plusieurs comptes. Les gestionnaires de mots de passe comme 1Password, Bitwarden ou Dashlane permettent de générer et stocker des identifiants uniques de manière sécurisée.

L'authentification multifacteur, ou MFA, ajoute une couche de sécurité supplémentaire. Même si un mot de passe est volé, l'attaquant devra également disposer d'un second facteur, comme un code généré par une application. Des applications comme Google Authenticator, Authy ou Duo Security offrent une protection plus forte que les simples SMS.

Reconnaître les tentatives de phishing et d'ingénierie sociale est également essentiel. Les hackers ne forcent pas toujours l'entrée — ils sont souvent invités à entrer. Avant de cliquer, posez-vous quelques questions : connaissez-vous l'expéditeur ? Êtes-vous poussé à agir rapidement ? Le domaine du lien semble-t-il authentique ? Lorsqu'un doute existe, contactez directement l'entreprise via un canal officiel.

Maintenir ses appareils et logiciels à jour est indispensable. Les hackers ciblent fréquemment les vulnérabilités connues dans les systèmes obsolètes. Activez les mises à jour automatiques pour votre système d'exploitation, votre navigateur et vos applications. Désinstallez les programmes inutilisés et remplacez les appareils qui ne reçoivent plus de mises à jour de sécurité.

Les sauvegardes représentent votre filet de sécurité. Utilisez des solutions cloud comme Google Drive, iCloud ou Microsoft OneDrive, ainsi qu'un disque dur externe stocké hors ligne. Automatisez les sauvegardes et testez régulièrement leur fonctionnement.

Les antivirus et anti-malwares restent utiles pour détecter et supprimer les menaces. Des solutions comme Bitdefender, Norton Antivirus, Malwarebytes ou ESET NOD32 Antivirus offrent une protection en temps réel.

Le Wi-Fi public constitue une autre zone à risque. Les réseaux ouverts dans les cafés, hôtels ou aéroports peuvent être surveillés ou falsifiés. Utilisez un VPN pour chiffrer votre connexion. Évitez d'accéder à des comptes sensibles sur un réseau public et désactivez la connexion automatique aux réseaux inconnus.

L'éducation reste l'une des protections les plus efficaces. Suivre l'actualité cybersécurité, sensibiliser sa famille ou ses employés et pratiquer régulièrement des exercices de simulation permettent de développer des réflexes solides. Les hackers évoluent constamment — votre vigilance doit évoluer également.

Il est aussi important de savoir reconnaître les signes d'une compromission. Un appareil anormalement lent, des pop-ups étranges, des changements de mot de passe inattendus, des applications inconnues ou une activité réseau inhabituelle peuvent signaler une intrusion. Si vous remarquez ces symptômes, déconnectez l'appareil d'Internet, lancez une analyse antivirus et changez vos mots de passe depuis un appareil sain.

La sécurité physique joue également un rôle essentiel. Protégez vos appareils avec des mots de passe ou la biométrie. Configurez un verrouillage automatique rapide et activez les fonctions de localisation ou d'effacement à distance.

Au final, la cybersécurité est davantage une question d'habitudes que de technologie. Même si personne n'est totalement invulnérable, chacun peut devenir beaucoup plus résistant.

L'histoire de Jillian illustre parfaitement cette réalité. Jillian gérait une boutique en ligne prospère lorsqu'elle reçut un e-mail prétendant provenir d'Amazon. Le message signalait une activité suspecte et demandait une action immédiate.

Fatiguée après une longue journée, elle cliqua sans réfléchir.

La page ressemblait exactement à celle d'Amazon.

Elle entra ses identifiants.

Quelques heures plus tard, ses comptes Gmail, PayPal et Instagram étaient verrouillés. Son tableau de bord de boutique affichait un solde vide.

Elle venait d'être victime d'une attaque de phishing.

Heureusement, son ami Marcus, consultant informatique indépendant, l'aida à réagir rapidement. Ils coupèrent la connexion Internet, lancèrent une analyse de malware et restaurèrent ses accès grâce à des sauvegardes partielles.

Cette expérience changea radicalement ses habitudes.

Elle installa un gestionnaire de mots de passe, activa la MFA, supprima des applications inutilisées, cessa d'utiliser les Wi-Fi publics sans protection et souscrivit à un VPN.

Elle forma également ses employés.

Quelques semaines plus tard, une assistante reçut un e-mail imitant Shopify demandant une confirmation de propriété du magasin. Le domaine utilisé était « shop1fy.biz ».

Cette fois, personne ne cliqua.

L'équipe avait appris.

À Atlanta, un ancien militaire nommé Harold évita un malware simplement parce qu'il avait installé les dernières mises à jour système. À Miami, un jeune designer graphique utilisa un VPN sur un Wi-Fi public et évita le vol de données.

La protection n'est pas spectaculaire.

Elle repose sur des gestes simples :

Prendre une pause avant de cliquer.

Vérifier.

Mettre à jour.

Utiliser des mots de passe robustes.

Refuser la précipitation.

Parce que dans un monde connecté, vos données représentent votre identité.

Et votre identité mérite d'être protégée.

Chapitre 8 : Que Faire Si Vous Avez Été Piraté

Même avec les meilleures précautions, cela peut arriver : vous êtes piraté. Votre écran affiche un message étrange, vos comptes deviennent inaccessibles, des paiements inconnus apparaissent ou vous recevez une alerte signalant une connexion depuis un autre pays. La panique s'installe rapidement. Que faire maintenant ?

Ce chapitre explique comment réagir de manière calme, méthodique et efficace lorsqu'une intrusion se produit. Qu'il s'agisse d'un compte personnel, d'un appareil ou d'un système professionnel, la rapidité d'action peut considérablement limiter les dégâts.

La première étape consiste à reconnaître les signes d'un piratage. Certains sont évidents, comme un message de rançongiciel, un compte verrouillé ou un plantage système. D'autres sont plus subtils : notifications de connexion inconnues, mots de passe qui ne fonctionnent plus, transactions inhabituelles, redirections étranges du navigateur ou disparition de fichiers.

Dès que vous soupçonnez une compromission, déconnectez immédiatement l'appareil concerné d'Internet. Coupez le

Wi-Fi ou retirez le câble réseau. Cela peut empêcher un malware de se propager, limiter le vol de données et couper l'accès distant du hacker.

Ensuite, identifiez ce qui a été compromis. Posez-vous les bonnes questions : s'agit-il d'un seul compte ou de plusieurs ? D'un téléphone, d'un ordinateur ou d'un système complet ? Des données sensibles comme des informations bancaires, des fichiers clients ou des dossiers médicaux ont-elles été touchées ? Prenez des notes et établissez une chronologie des événements.

Ne changez jamais vos mots de passe depuis un appareil potentiellement infecté. Utilisez un appareil sûr — un téléphone, une tablette ou un autre ordinateur — pour réinitialiser vos identifiants. Commencez par votre compte e-mail principal, car il sert souvent à récupérer tous les autres accès.

Changez ensuite les mots de passe de vos comptes bancaires, réseaux sociaux, services cloud, plateformes professionnelles et boutiques en ligne. Utilisez des mots de passe uniques et activez l'authentification multifacteur.

Après cela, lancez une analyse complète avec un antivirus ou un logiciel anti-malware fiable. Des outils comme

Malwarebytes, Bitdefender ou Norton Antivirus peuvent identifier et supprimer les infections. Dans certains cas, une réinstallation complète du système peut être nécessaire.

Vous devez également déterminer si des données ont été volées. Vérifiez vos sauvegardes, les fichiers modifiés et les journaux d'activité. Si des données clients ou financières sont compromises, vous pourriez être obligé de prévenir les personnes concernées et de signaler l'incident aux autorités compétentes.

Selon la gravité de la situation, contactez votre banque, votre employeur, un spécialiste cybersécurité ou les autorités. Aux États-Unis, les incidents importants peuvent être signalés au FBI Internet Crime Complaint Center.

Même après avoir changé vos mots de passe, ne supposez pas que tout est terminé. Les hackers peuvent avoir laissé des accès cachés, récupéré des identifiants ou compromis d'autres systèmes. Surveillez vos comptes pendant plusieurs semaines, activez les alertes de connexion et envisagez un gel de crédit si vos données personnelles ont été exposées.

Une fois la crise maîtrisée, renforcez votre sécurité. Installez un gestionnaire de mots de passe, activez la MFA, créez des sauvegardes régulières et documentez ce qui s'est passé afin de mieux réagir à l'avenir.

Le plus important est de ne pas paniquer. Beaucoup de victimes aggravent la situation en supprimant des preuves, en ignorant le problème ou en réagissant de manière impulsive. Gardez votre calme, agissez méthodiquement et demandez de l'aide.

Être piraté ne signifie pas que vous êtes négligent.

Cela signifie que vous êtes humain.

Et apprendre de cette expérience réduit fortement les chances qu'elle se reproduise.

L'histoire de Chloe illustre parfaitement ce processus. Chloe Hernandez, artiste indépendante avec plus de 40 000 abonnés sur Instagram, venait de publier une nouvelle collection lorsqu'elle reçut une notification : « Votre compte a été connecté depuis un appareil situé à Moscou. »

Elle ouvrit immédiatement l'application.

Trop tard.

Sa photo de profil avait disparu.

Sa biographie contenait un lien crypto.

Ses publications avaient été supprimées.

Son e-mail ne fonctionnait plus.

Elle avait été piratée.

Elle paniqua d'abord.

Toute son activité dépendait d'Instagram : ses clients, ses commandes, son portfolio.

Elle n'avait jamais activé l'authentification à deux facteurs.

Elle réutilisait le même mot de passe.

Heureusement, son ami Nick, passionné de technologie, l'aida à réagir.

Ils commencèrent par déconnecter ses appareils d'Internet.

Puis ils utilisèrent une tablette propre pour réinitialiser tous ses comptes.

Ils installèrent un gestionnaire de mots de passe et créèrent de nouveaux identifiants uniques.

Une analyse antivirus révéla qu'une extension de navigateur installée récemment — un calculateur de livraison gratuit — était en réalité un spyware.

Ils la supprimèrent immédiatement.

Chloe contacta l'équipe de sécurité d'Instagram et signala le vol de compte.

Pendant ce temps, elle gela son crédit auprès de Equifax, Experian et TransUnion.

Trois jours plus tard, Instagram restaura son compte.

Elle pleura.

Puis elle reconstruisit.

Cette fois, elle activa la MFA, installa une vraie protection antivirus et sauvegarda toutes ses œuvres.

Elle transforma même son expérience en article de blog viral.

À travers le pays, un propriétaire de salle de sport nommé Andre subit une attaque de ransomware. Mais contrairement à beaucoup, il possédait des sauvegardes récentes.

Son équipe informatique effaça le système infecté et restaura les données.

Il ne paya jamais la rançon.

Après cela, il imposa une formation cybersécurité à tous ses employés et mit en place des sauvegardes quotidiennes hors ligne.

Les histoires de Chloe et Andre montrent une vérité importante :

Un piratage n'est pas forcément la fin.

Ce qui compte, c'est votre réaction.

Vous pouvez paniquer.

Ou agir.

Vous pouvez abandonner.

Ou reconstruire plus intelligemment.

Chaque victime qui apprend, se renforce et partage son expérience rend la tâche plus difficile aux hackers la prochaine fois.

Chapitre 9 : Créer un Plan de Sécurité Personnel

Dans un monde numérique où nos vies, nos finances, nos entreprises et nos identités sont profondément liées à Internet, la cybersécurité ne peut plus être réactive — elle doit devenir proactive et intégrée à votre routine. Vous ne pouvez pas compter uniquement sur des applications ou sur votre instinct pour « repérer quelque chose de suspect ». Vous avez besoin d'un système : un plan de cybersécurité personnel, clair, répétable et intégré à votre quotidien.

Considérez cela comme une hygiène numérique. Tout comme vous vous brossez les dents ou verrouillez votre porte, protéger votre vie en ligne doit devenir un réflexe naturel. Ce chapitre vous guide étape par étape pour créer un système de sécurité personnel simple mais puissant, quel que soit votre niveau technique.

La première étape consiste à réaliser un audit complet de votre vie numérique. Identifiez tous les comptes, applications et appareils que vous utilisez régulièrement. Cela inclut vos comptes e-mail, réseaux sociaux, services bancaires, plateformes de paiement, stockage cloud, outils professionnels, boutiques en ligne et appareils connectés. Vous ne pouvez pas protéger ce que vous n'avez pas identifié. Cette liste devient la base de votre stratégie de sécurité.

Ensuite, organisez et renforcez vos mots de passe. Utilisez un gestionnaire de mots de passe comme Bitwarden, 1Password ou Dashlane afin de créer et stocker des identifiants uniques pour chaque compte. Remplacez immédiatement les mots de passe faibles ou réutilisés. Vérifiez vos comptes sensibles tous les trois à six mois.

L'authentification multifacteur (MFA) doit être activée partout où elle est disponible. Priorisez vos comptes e-mail, applications bancaires, stockage cloud, réseaux sociaux et accès professionnels. Des applications comme Google Authenticator ou Authy offrent une protection plus robuste que les SMS.

Les sauvegardes régulières constituent un élément essentiel de votre plan. Sauvegardez vos documents, photos, fichiers professionnels et paramètres d'appareils. Utilisez une combinaison de stockage cloud et de disques durs externes chiffrés. Des services comme Google One, Backblaze ou iDrive peuvent automatiser ce processus.

Établissez ensuite une routine de sécurité hebdomadaire. Réservez quinze à trente minutes chaque semaine pour vérifier l'activité de vos comptes, supprimer les applications inutiles, mettre à jour vos logiciels, lancer une analyse antivirus et vérifier vos alertes de connexion. La cohérence est plus importante que la complexité.

La sécurité de vos appareils et de votre réseau domestique est également fondamentale. Activez le verrouillage automatique, utilisez des mots de passe robustes ou la biométrie, désactivez le Bluetooth lorsque vous ne l'utilisez pas et protégez votre Wi-Fi avec un mot de passe fort. Changez régulièrement ce mot de passe et désactivez l'accès distant sur votre routeur.

Il est également recommandé de créer un plan de réponse aux incidents. Si quelque chose tourne mal, vous devez savoir quoi faire immédiatement. Préparez une checklist contenant les étapes de déconnexion d'un appareil compromis, les coordonnées de votre banque, les informations de récupération de comptes et les instructions de restauration de sauvegarde.

La cybersécurité devient plus forte lorsqu'elle est partagée. Éduquez votre famille, vos collègues ou vos clients. Suivez des blogs spécialisés, participez à des ateliers et restez informé. Lorsque votre entourage est mieux protégé, vous l'êtes aussi.

Un plan de cybersécurité personnel ne doit pas être une contrainte — il doit devenir une habitude. Il ne s'agit pas de devenir invincible, mais de devenir plus difficile à cibler que la moyenne.

L'histoire d'Ethan montre comment un simple événement peut déclencher une transformation. Ethan se considérait comme compétent en technologie. Il créait des sites web, utilisait un smartphone moderne et aidait même ses parents à configurer leur Internet.

Mais tout changea lorsqu'il perdit plus de 3 000 dollars à cause d'un piratage bancaire.

Le problème venait d'un mot de passe réutilisé.

Il utilisait la même combinaison pour plusieurs comptes : messagerie, banque, cloud et paiements.

Lorsqu'un petit site e-commerce fut piraté, ses identifiants furent publiés en ligne.

Un cybercriminel testa automatiquement ces accès sur d'autres plateformes.

Ses comptes tombèrent un à un.

Après avoir récupéré ses fonds et restauré son identité numérique, Ethan décida de créer un véritable plan de cybersécurité.

Il répertoria tous ses comptes.

Il installa Bitwarden.

Il créa des mots de passe uniques.

Il activa la MFA partout.

Il acheta un disque dur externe pour ses sauvegardes.

Il désactiva les connexions automatiques au Wi-Fi public.

Il nettoya son ordinateur de nombreuses extensions inutiles.

Puis il transforma cela en routine.

Chaque dimanche, il consacrait trente minutes à un « contrôle sécurité ».

Une fois par mois, il vérifiait ses sauvegardes.

Tous les trois mois, il simulait une cyberattaque afin de tester sa capacité à récupérer ses données.

Ce n'était pas de la paranoïa.

C'était de la préparation.

Ses clients commencèrent à lui demander conseil.

Une photographe de mariage ayant perdu ses galeries à cause d'un ransomware lui demanda de l'aide.

Puis d'autres suivirent.

Rapidement, Ethan anima des ateliers de sensibilisation.

Ailleurs, un couple retraité imprimait une checklist de cybersécurité et la plaçait dans sa cuisine. Chaque mois, ils suivaient les étapes ensemble.

Dans un lycée, une adolescente créa un club d'hygiène numérique pour apprendre aux élèves à protéger leurs comptes.

Le point commun entre toutes ces histoires est simple :

Aucune de ces personnes n'était experte en cybersécurité.

Elles étaient simplement préparées.

Parce qu'aujourd'hui, le monde numérique est votre seconde maison.

Et comme votre maison physique, il mérite d'être verrouillé, surveillé, organisé et protégé.

Chapitre 10 : Garder Une Longueur d'Avance

La cybersécurité n'est pas une action ponctuelle — c'est un processus en constante évolution. Les hackers s'adaptent. La technologie change. De nouvelles arnaques apparaissent chaque jour. Le moment où vous pensez avoir « fait suffisamment » est souvent celui où vous commencez à prendre du retard. C'est pourquoi le principe final — et sans doute le plus important — de votre stratégie de cybersécurité personnelle est simple : gardez toujours une longueur d'avance.

La bonne nouvelle est que rester en avance ne demande pas d'être parfait. Cela demande d'être conscient, informé et prêt à apprendre. Ce chapitre vous aidera à développer une approche à long terme afin de maintenir et améliorer votre sécurité sans vous sentir dépassé.

La première habitude consiste à rester informé des nouvelles menaces. Les hackers évoluent rapidement. Les techniques de phishing changent. De nouveaux malwares apparaissent chaque jour. Consacrer seulement quelques minutes par semaine à suivre l'actualité cybersécurité peut faire une énorme différence. Des sources fiables comme Krebs on

Security, The Hacker News ou les alertes de la Cybersecurity and Infrastructure Security Agency permettent de suivre les tendances émergentes.

Il est également important de rafraîchir vos habitudes tous les quelques mois. Tous les trois mois, prenez le temps de mettre à jour vos mots de passe les plus sensibles, vérifier vos sauvegardes, supprimer les applications inutilisées et revoir vos paramètres de confidentialité. La cybersécurité n'est pas uniquement une question d'outils – c'est un comportement qui doit être entretenu.

Un autre changement puissant consiste à apprendre à penser comme un hacker. Posez-vous régulièrement des questions : si vous vouliez accéder à vos comptes, quelle serait la faille la plus simple ? Quelles données auraient le plus de valeur ? Quelles habitudes vous rendent prévisible ? Cette manière de réfléchir développe un esprit critique et réduit les opportunités d'attaque.

Vos outils doivent également évoluer. Ce qui était efficace il y a deux ans n'est pas forcément adapté aujourd'hui. Passez progressivement d'une MFA par SMS à une application dédiée ou à une clé physique comme YubiKey. Réévaluez vos antivirus, solutions de sauvegarde et gestionnaires de mots de passe une fois par an.

La cybersécurité devient plus forte lorsqu'elle est partagée. Encouragez votre famille, vos collègues et vos amis à adopter de bonnes pratiques. Une seule personne vulnérable dans votre entourage peut devenir une porte d'entrée vers vos propres données.

Automatiser votre surveillance permet aussi de garder une longueur d'avance. Activez les alertes de connexion, les notifications de sécurité, les mises à jour automatiques et la surveillance des violations de données. Des outils comme Have I Been Pwned vous avertissent si votre adresse e-mail apparaît dans une base compromise.

Pour certaines personnes ou entreprises, une protection supplémentaire peut être utile. Les assurances cyber, les services de protection contre le vol d'identité ou les audits réalisés par des spécialistes offrent une sécurité supplémentaire.

La véritable différence repose toutefois sur la mentalité. Les personnes les moins susceptibles d'être piratées ne sont pas celles qui possèdent les outils les plus sophistiqués — ce sont celles qui améliorent constamment leurs habitudes. Elles prennent le temps de vérifier avant de cliquer, acceptent les petites frictions de sécurité et considèrent la protection numérique comme une routine normale.

La cybersécurité ressemble à la santé.

Ce n'est pas une réaction de panique.

C'est une discipline quotidienne.

L'histoire de Maya illustre parfaitement cette philosophie. Un matin tranquille, Maya Patel recevait une notification de connexion inhabituelle sur son compte Google : une tentative d'accès depuis Taïwan.

Elle ne paniqua pas.

Elle ouvrit immédiatement son gestionnaire de mots de passe, réinitialisa ses identifiants depuis un appareil sécurisé et révoqua tous les accès actifs.

Puis elle activa des protections supplémentaires.

Maya n'était pas surprise.

Elle avait déjà vécu une attaque de phishing deux ans auparavant qui lui avait fait perdre des revenus provenant d'Airbnb.

Cette expérience avait transformé sa manière de penser.

Depuis, chaque dimanche matin, elle effectuait une routine appelée « Security Sunday ». Pendant trente minutes, elle vérifiait les connexions récentes, mettait à jour ses mots de passe, testait ses sauvegardes et lisait les actualités cybersécurité.

Ses amis la trouvaient excessive.

Mais lorsqu'un ami perdit l'accès à son compte Venmo après une arnaque, Maya fut la première à l'aider.

Elle lui expliqua comment créer son propre plan de sécurité.

Maya n'était ni ingénieure ni spécialiste IT.

Elle était photographe.

Mais elle traitait sa vie numérique comme une maison qu'il faut protéger.

À Boston, un couple retraité organisait chaque mois une heure de sécurité numérique avec leurs voisins.

À Austin, une équipe d'entrepreneuses créait une réunion mensuelle dédiée à la cybersécurité.

Tous avaient compris une chose :

La cybersécurité n'est pas la peur.

C'est la préparation.

Lorsque le hacker à Taïwan tenta d'accéder au compte de Maya, il ne trouva pas une victime.

Il trouva une forteresse.

Et Maya ?

Elle termina simplement son café et consulta son agenda.

« Dimanche sécurité », murmura-t-elle.

« C'est parti. »

De Cible à Défenseur

Le monde dans lequel nous vivons aujourd'hui est plus connecté que jamais. Chaque achat, chaque photo, chaque connexion et chaque conversation passe par une passerelle numérique — une infrastructure invisible que nous prenons rarement le temps d'examiner. Mais comme ce livre l'a montré, ce que vous ne voyez pas peut vous nuire. Derrière les interfaces élégantes et les écrans lumineux se cachent des menaces invisibles : logiciels malveillants, campagnes de phishing, usurpations d'identité et regards silencieux à la recherche de la prochaine cible facile.

Et pourtant, malgré toute cette complexité, une vérité fondamentale demeure simple : vous avez le pouvoir de vous protéger.

Nous avons commencé ce voyage en levant le voile sur la façon dont les hackers opèrent réellement. Vous avez découvert leur état d'esprit, leurs motivations et leurs tactiques. Vous avez appris à connaître des outils comme les malwares, les ransomwares et les keyloggers — non pas pour vous effrayer, mais pour vous donner les connaissances nécessaires. Car lorsque vous comprenez comment fonctionne une menace, vous cessez d'en avoir peur et commencez à construire des stratégies pour y faire face.

Vous avez vu de vraies personnes commettre de vraies erreurs. Mais vous les avez aussi vues se relever. Vous avez suivi Chloe lorsqu'elle a repris le contrôle de son activité numérique. Vous avez observé Maya transformer la prudence en routine. Vous avez accompagné Lisa, Derrick, Andre et bien d'autres lorsqu'ils ont affronté des scénarios catastrophes — et en sont sortis plus forts et plus sages.

Chaque histoire avait un objectif : non seulement informer, mais refléter une réalité universelle. Personne n'est totalement à l'abri. Mais chacun peut se préparer.

Passer du statut de victime numérique à celui de défenseur numérique ne nécessite ni diplôme, ni titre, ni certification. Cela demande des habitudes, de la curiosité et la volonté d'agir avant qu'un problème ne survienne.

Cela signifie choisir un mot de passe unique plutôt que celui que vous utilisez depuis toujours.

Cela signifie prendre une pause avant de cliquer sur un e-mail urgent.

Cela signifie consacrer un moment chaque semaine à examiner ce qui protège votre vie numérique — et à identifier les failles qui subsistent.

Plus important encore, cela signifie rompre avec la passivité.

Pendant trop longtemps, la cybersécurité a semblé être la responsabilité de quelqu'un d'autre. Quelque chose réservé aux services informatiques, au support technique ou aux gouvernements. Mais dans un monde où tout est connecté, la cybersécurité fait désormais partie intégrante de ce que signifie être un adulte informé, un entrepreneur responsable, un parent protecteur et un professionnel digne de confiance.

Et il n'est jamais trop tard pour commencer.

Peut-être utilisez-vous encore le même mot de passe pour plusieurs comptes.

Peut-être avez-vous déjà été piraté.

Peut-être avez-vous ignoré certains signaux d'alerte en espérant qu'ils disparaissent d'eux-mêmes.

Ce n'est pas grave.

Commencez aujourd'hui.

Commencez maintenant.

Commencez petit.

Mais commencez.

Construisez votre plan de sécurité personnel. Partagez vos connaissances avec les autres. Transformez la sensibilisation en action. Faites de la prévention une partie de votre identité — non pas dans la peur, mais dans la préparation.

Les hackers comptent sur les suppositions. Ils supposent que vous serez distrait, négligent, mal informé ou mal protégé. Mais ce qu'ils craignent le plus, ce ne sont pas seulement les antivirus ou les pare-feux.

Ce sont les personnes attentives.

Que cette personne soit vous.

Que ce livre soit plus qu'une simple source d'information.

Qu'il devienne un nouveau point de départ.

Une base solide sur laquelle construire pendant des années.

À mesure que la technologie évolue, les menaces évolueront elles aussi.

Mais votre résilience grandira également — si vous choisissez d'évoluer avec elle.

Ainsi, la prochaine fois que vous recevrez un e-mail suspect, qu'on vous demandera des informations personnelles ou qu'un site web semblera « légèrement étrange », vous saurez reconnaître le danger.

Vous ferez une pause.

Vous agirez avec intention.

Et vous vous rappellerez :

Vous n'êtes plus la cible la plus facile.

Vous n'êtes plus quelqu'un qui « ne savait pas ».

Vous êtes désormais un défenseur.

Et cela change tout.

www.ingramcontent.com/pod-product-compliance
Lightning Source LLC
LaVergne TN
LVHW022022200926
848481LV00007B/2486